AF275166

Disfrute gratuitamente **DURANTE UN AÑO** de los eBook y audiolibros de las obras de Editorial Colex*

- ⊘ Acceda a la página web de la editorial **www.colex.es**

- ⊘ Identifíquese con su usuario y contraseña. En caso de no disponer de una cuenta regístrese.

- ⊘ Acceda en el menú de usuario a la pestaña «Mis códigos» e introduzca el que aparece a continuación:

RASCAR PARA VISUALIZAR EL CÓDIGO

- ⊘ Una vez se valide el código, aparecerá una ventana de confirmación y su eBook y/o audiolibro estará disponible **durante 1 año desde su activación** en la pestaña «Mis libros» en el menú de usuario.

---

* Los audiolibros están disponibles en las ediciones más recientes de nuestras obras. Se excluyen expresamente las colecciones «Códigos comentados», «Biblioteca digital» y los productos de www.vademecumlegal.es.

No se admitirá la devolución si el código promocional ha sido manipulado y/o utilizado.

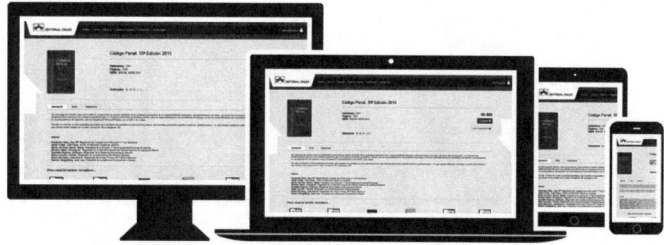

¡Gracias por confiar en nosotros!

La obra que acaba de adquirir incluye de forma gratuita la versión electrónica. Acceda a nuestra página web para aprovechar todas las funcionalidades de las que dispone en nuestro lector.

Funcionalidades eBook

Acceso desde cualquier dispositivo con conexión a internet

Idéntica visualización a la edición de papel

Navegación intuitiva

Tamaño del texto adaptable

Síguenos en:

GUÍA DE CONOCIMIENTOS BÁSICOS DE

REVIT

ACCEDE DESDE LA VERSIÓN DIGITAL A
ARCHIVOS PRÁCTICOS DE AutoCAD

GUÍA DE CONOCIMIENTOS BÁSICOS DE

REVIT

MODELO GEOMÉTRICO DE UN EDIFICIO B+4

Carlos Losada Pérez

Juan Luis Pérez Ordóñez

Antonio Pernas Varela

COLEX 2025

© Carlos Losada Pérez, Juan Luis Pérez Ordóñez, Antonio Pernas Varela

© Editorial Colex, S.L.
Calle Costa Rica, número 5, 3.º B (local comercial)
A Coruña, 15004, A Coruña (Galicia)
info@colex.es
www.colex.es

I.S.B.N.: 979-13-7011-431-2
Depósito legal: C 1763-2025
DOI: https://doi.org/10.69592/979-13-7011-431-2

SUMARIO

1
MODELO BIM CL1

2
MODELO BIM CL2

3
MODELO BIM CL3

4
MODELO BIM CL4

5
MODELO BIM CL5

6
MODELO BIM CL6

7
MODELADO DE UN EDIFICIO

INTRODUCCIÓN

Revit es un programa que recoge información del edificio partiendo de su configuración tridimensional. Su modelado arquitectónico de base sirve, no sólo para permitir una visualización de los espacios, sino también para definir su construcción de manera más rigurosa y fiable para los técnicos que intervienen en el proceso constructivo.

El diseño con programas 2D de modelado arquitectónico está siendo desbancado por estas tecnologías de visualización tridimensional. Si bien el aprendizaje inicial es lento, se aprecian sus enormes capacidades con una inversión de tiempo menor a medio/largo plazo.

En este cuaderno se propone el modelado de un edificio de varias alturas, señalando las herramientas utilizadas, como paso inicial necesario para la inmersión en esta tecnología BIM.

1

MODELO BIM CL1

1.1. Preparación del Plano de AutoCAD

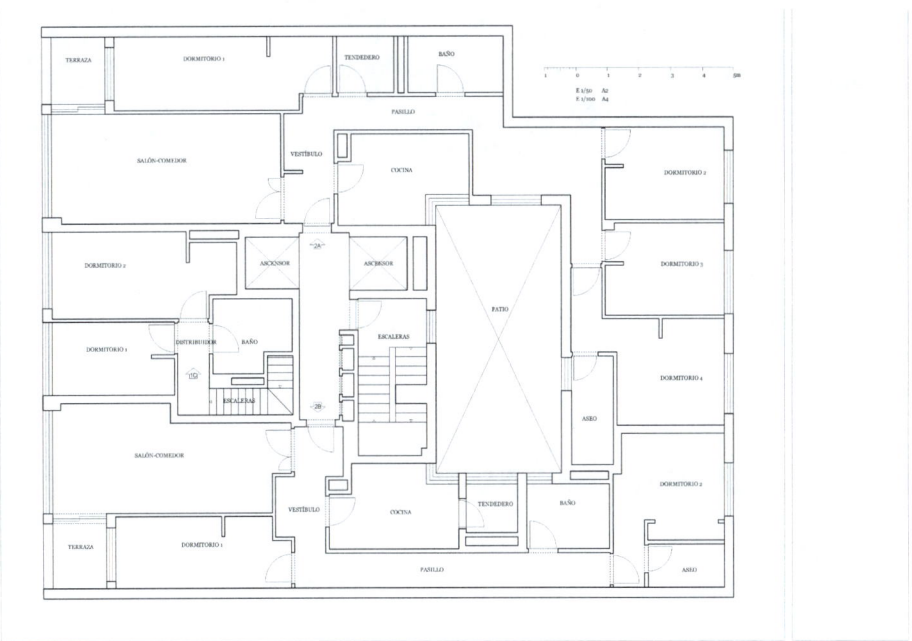

Plano de Planta dibujado con ayuda de AutoCAD, con escala gráfica de referencia, facilitado en soporte digital.

La planta segunda consta de dos viviendas: A y B; parte de una tercera (C) que procede de la planta inferior.

Abriendo el plano en AutoCAD se ejecutan los comandos siguientes:

Comando: DYNMODE

Desactiva la entrada dinámica.

Comando: DESPLAZA. Mueve el plano al origen: 0,0

Coloca el plano en un punto de referencia de líneas ortogonales (Escaleras o Patio de luces). Igualmente puede moverse el origen, Activar previamente la visualización de las coordenadas.

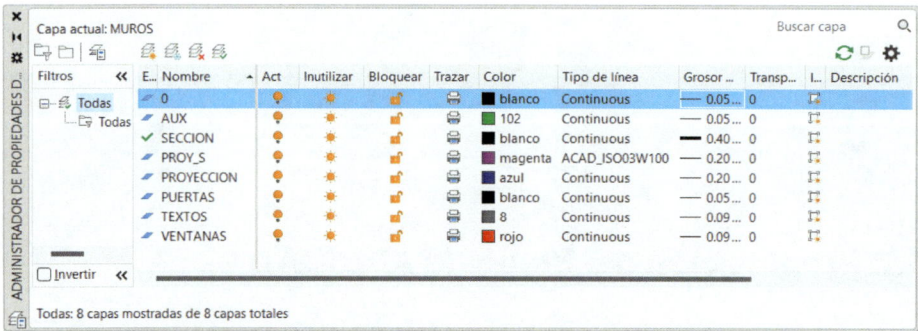

Comando: CAPA

Ordena los elementos en capas: Sección/ Proyección y Puertas/ ventanas. Desactiva las capas que no sean útiles.

Comando: _WBLOCK

Crea un nuevo archivo con los elementos seleccionados.

Comando: GUARDARCOMO

Se prefiere el formato: DXF

1.2. Importar CAD en REVIT

Abrir REVIT

Modelos, Nuevo..., Plantilla arquitectónica

Guardar el archivo.

Insertar, Importar CAD

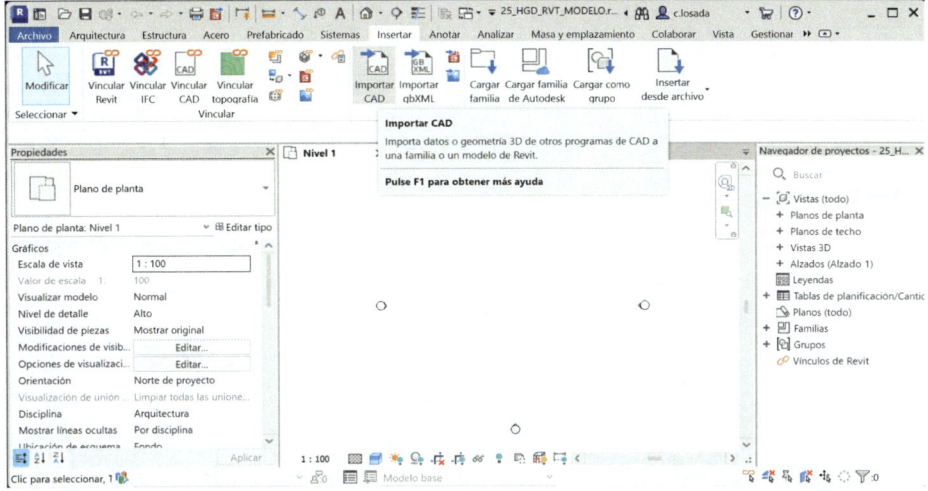

Importar el archivo DWG/ DXF

Escoger las unidades de importación: metros

Posición: Origen a origen, si antes se situó en esa posición.

Colocar en el nivel 1

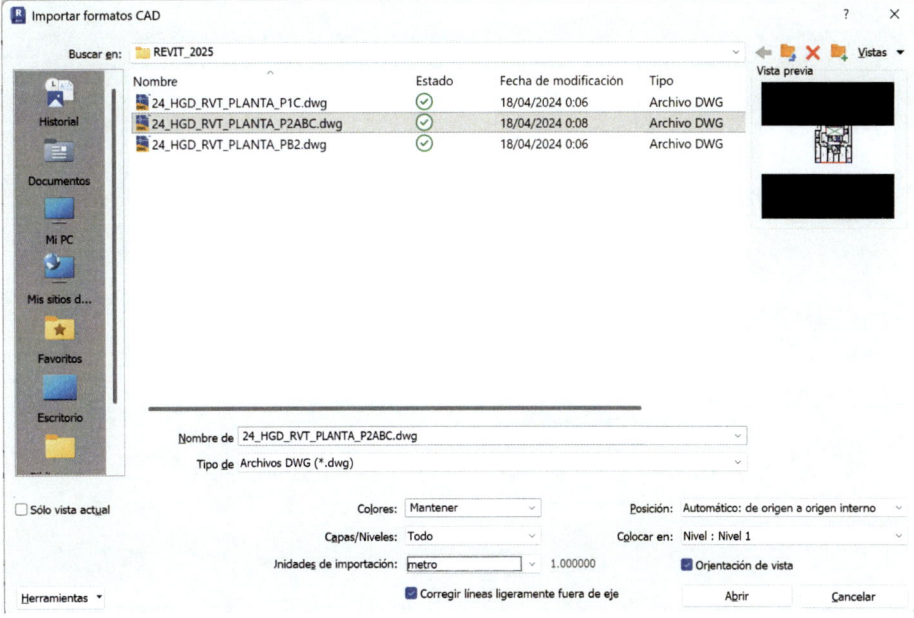

1.3. Muros y Tabiques

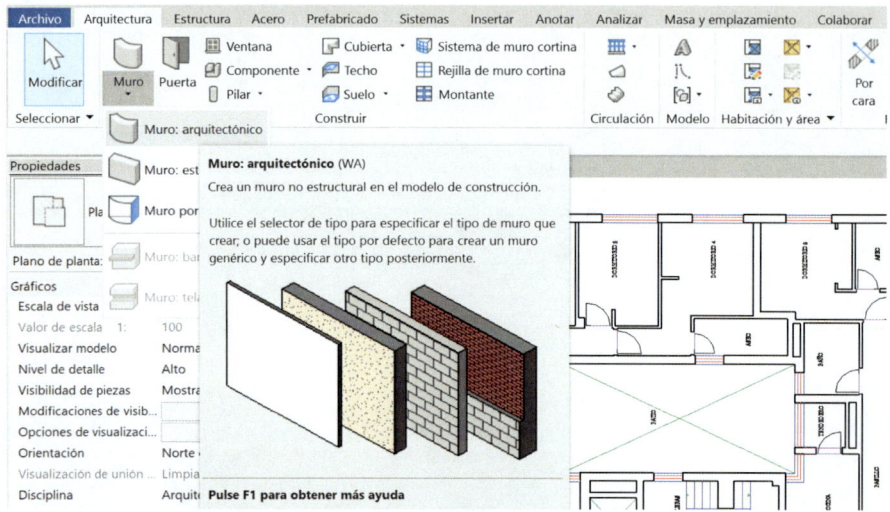

<mark>Arquitectura, Muro, Muro Arquitectónico</mark>

Muro Básico, tabique – 10cm. No se interrumpen en puertas o ventanas. La barra espaciadora alterna su colocación

Bandeja de propiedades: Editar tipo

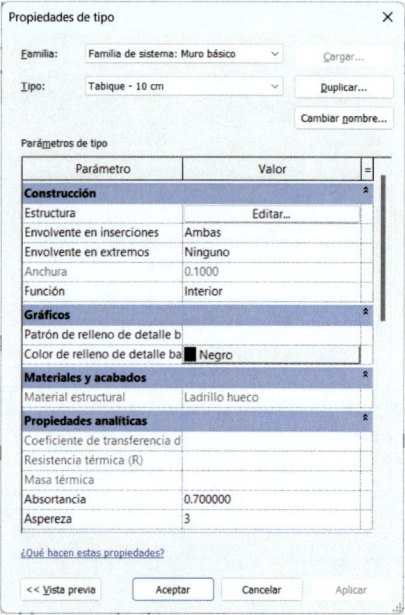

Duplicar. Cambiar nombre (12cm). Editar...

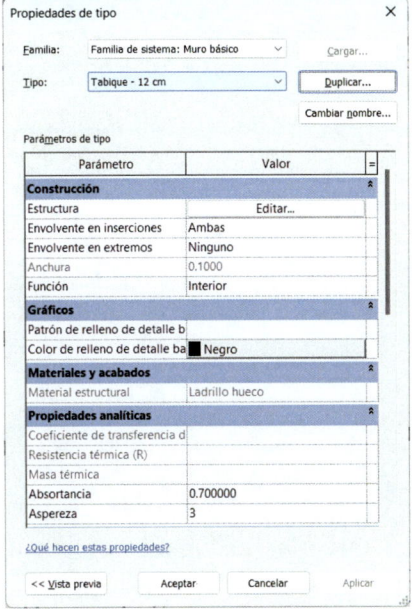

Puede modificarse el esquema de montaje.

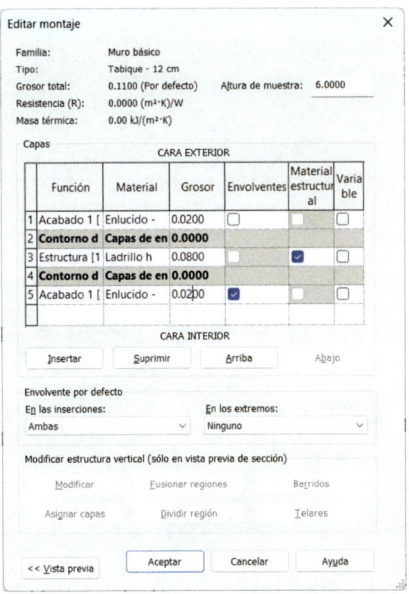

Arquitectura, Modificar

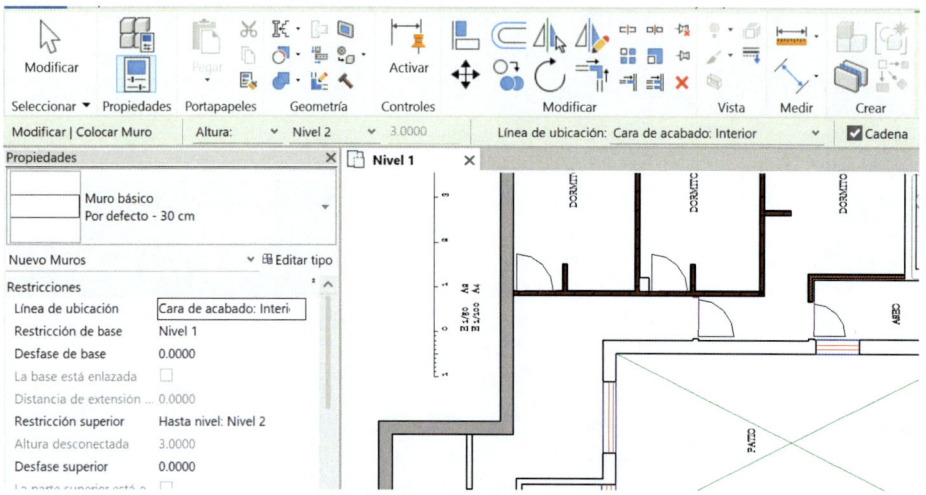

Seleccionar todos los tabiques, escoger el tabique nuevo creado.

Muro básico de 30cm Por defecto, en el contorno exterior.

Línea de Ubicación, Cara de acabado: Exterior.

1.4. Vista 3D

Navegador de proyectos: Vista 3D

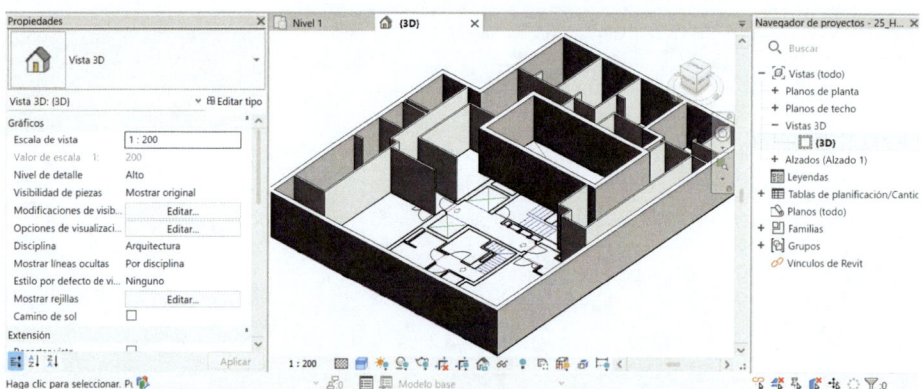

Estructura visual: alámbrica

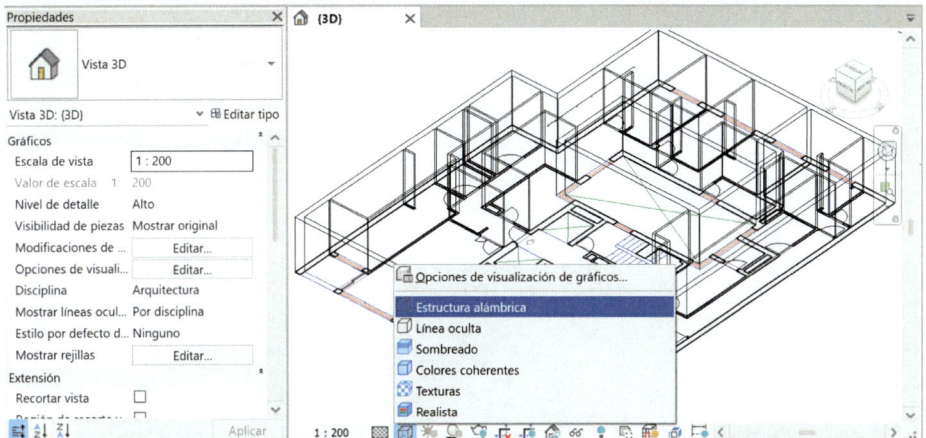

<mark>Propiedades, Extensión, Caja de Sección</mark> (activar)

En el modelo, seleccionar la caja, desplazar en x y o z.

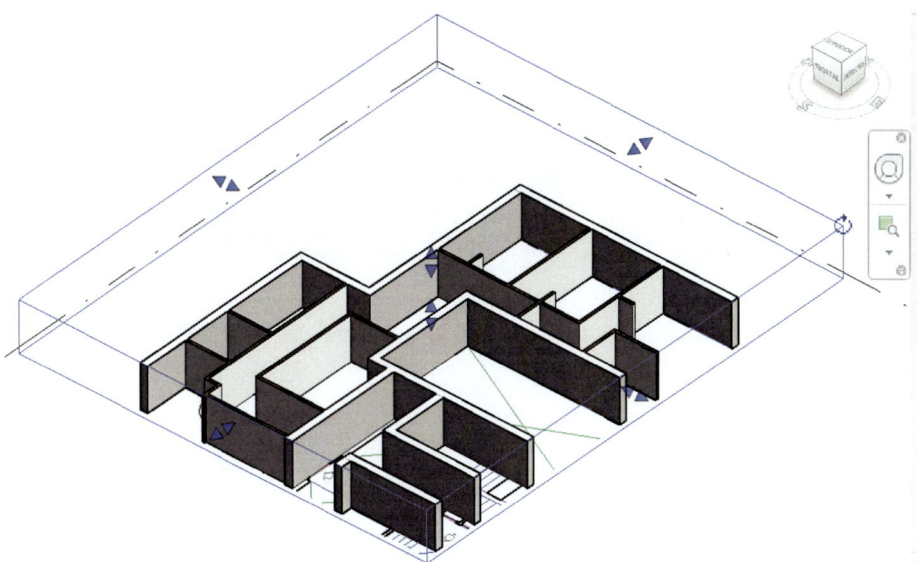

Para desplazar la vista: presionar la rueda del ratón.

Para orbitar: presionar también mayúsculas.

También puede rotarse utilizando el cubo de la esquina superior izquierda.

1.5. Puertas y Ventanas

La colocación de las puertas se prefiere desde la vista en Planta

Navegador de proyectos, Vistas, Plano de Planta, Nivel 1

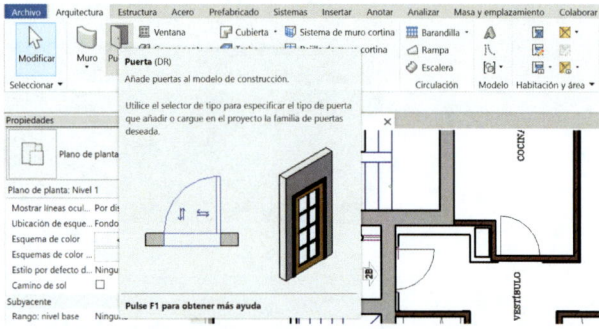

Arquitectura, Puerta

La puerta tiene hasta cuatro posiciones, que se define tras su colocación inicial.

Se escoge el tipo de puerta en el panel de propiedades.

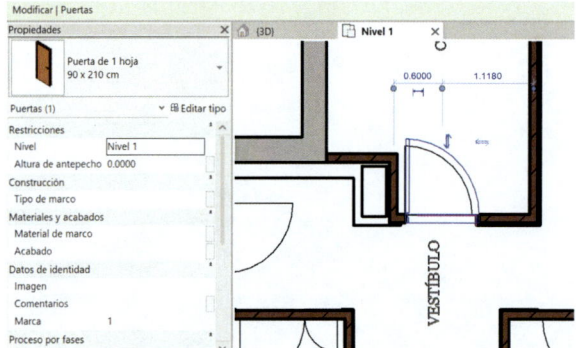

Arquitectura, Ventana.

Ventana Simple. Editar, modificar ancho.

Colocar con vista en planta.

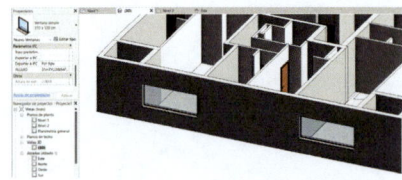

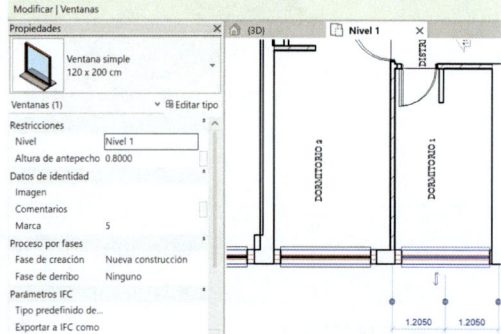

2

MODELO BIM CL2

2.1. Configuración

Cubrir los valores de la organización, autor del proyecto y fecha, entre otros.

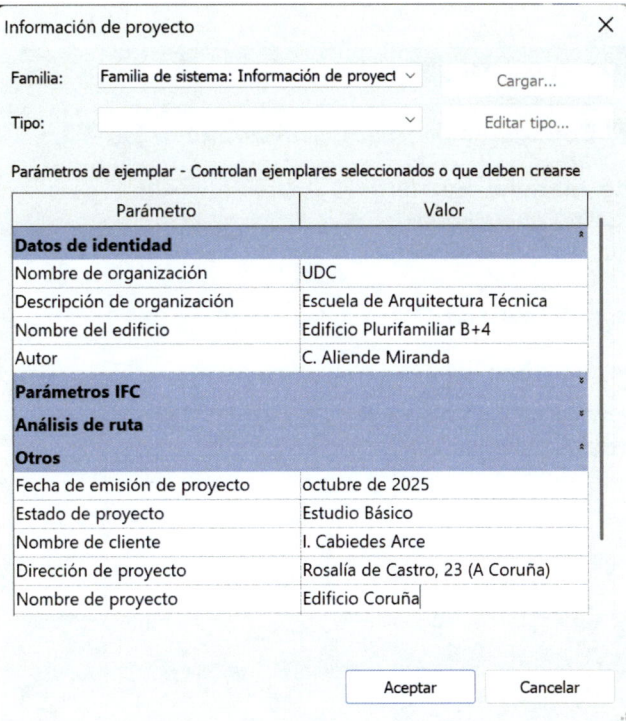

2.2. Forzados de cursor

Gestionar / Configuración / Forzados de Cursor

Pueden desactivarse escribiendo el atajo de teclado: SO

Seleccionar los más importantes: Punto extremo, medio, perpendicular e intersección (atajos: SE, SM, SP, SI)

Los incrementos de cota de longitud se aprecian en pantalla haciendo zoom con la rueda del ratón.

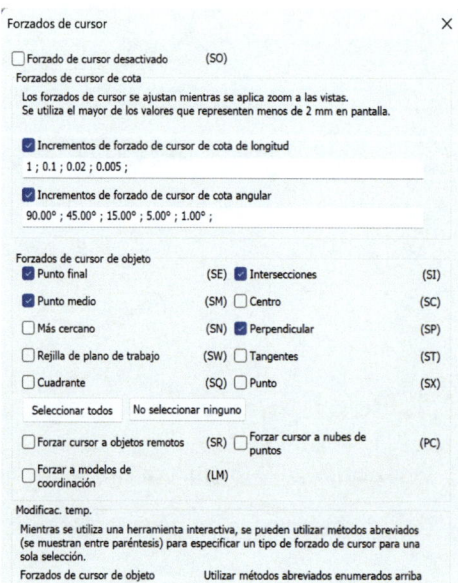

2.3. Estilos de Objeto

Gestionar / Configuración / Estilos de Objeto

Objetos de Modelo: Pueden modificarse grosores de línea de proyección y corte, y sus colores

Objetos importados:

Pueden cambiarse los colores de las capas del archivo de CAD, o suprimirse.

Estilos de objeto

Objetos de modelo   Objetos de anotación   Objetos de modelo analítico   Objetos importados

Categoría	Grosor Proyecc...	Color de línea	Patrón de línea	Material
⊟ 24_HGD_RVT_PLA...	1	RGB 118-118-118	Sólido	
0	1	Negro	Sólido	Material de renderización...
AUX	1	RGB 000-165-041	Sólido	Material de renderización...
CERRAMIENTO	4	Negro	Sólido	Material de renderización...
Defpoints	1	Negro	Sólido	Material de renderización...
PROY_S	3	Magenta	IMPORT-ACA	Material de renderización...
PROYECCION	3	Azul	Sólido	Material de renderización...
PUERTAS	1	Negro	Sólido	Material de renderización...
SECCION	4	Negro	Sólido	Material de renderizació
TEXTOS	1	RGB 128-128-128	Sólido	Material de renderización...
VENTANAS	1	Rojo	Sólido	Material de renderización...
Importaciones en f...	1	Negro		

2.4. Unidades de Proyecto

Gestionar / Configuración / Unidades de Proyecto

Escoger el formato de número: 6.789,00

Formato de Longitud: metros.

2 posiciones decimales

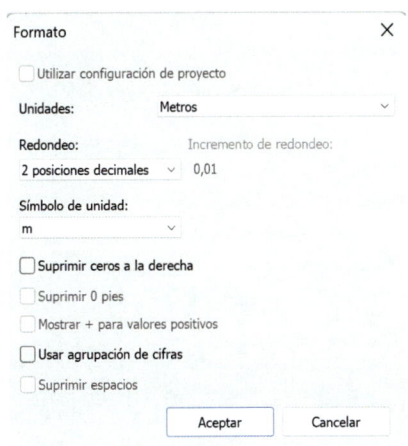

2.5. Niveles y rejillas

Los niveles y rejillas son planos de referencia que facilitan el dibujo. Se pueden anclar a líneas o elementos de tal forma que, al mover la rejilla o el nivel, se modifique el dibujo haciendo más sencillo el trabajo.

Desde uno de los alzados se pueden crear niveles y rejillas. Nos colocamos en el Alzado Sur.

Navegador / Alzados / Sur

Arquitectura / Referencia / Nivel

Debe estar activado "crear vista de plano" (dentro del panel verde) para que aparezca el plano del nivel en el navegador.

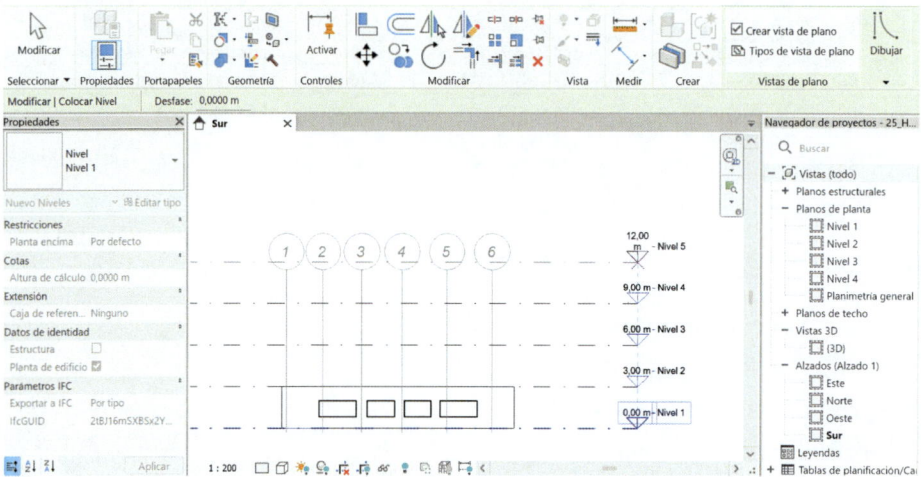

Navegador / Vistas / Planos de planta / Nivel 3

Propiedades / Plano de planta: Nivel 3 / Extensión / Rango de vista / Editar...

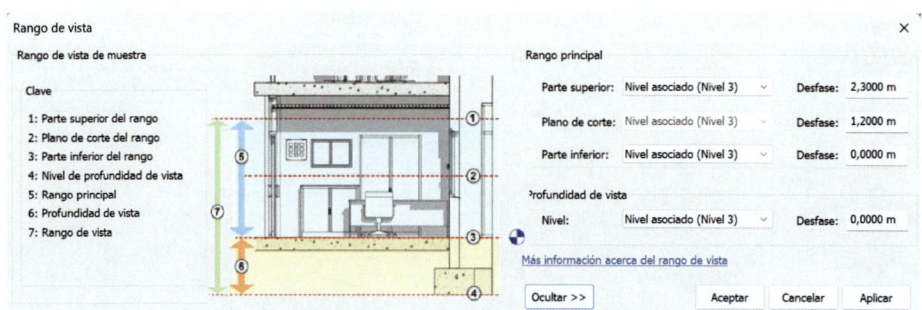

La vista se limita al nivel actual y al inferior en un tono más claro.

Puede aumentarse la vista hasta el nivel 1.

Propiedades / Gráficos / Modificaciones de Visibilidad / Editar...

Pueden desactivarse elementos, entre otros, las capas del plano de CAD en **Categorías importadas.**

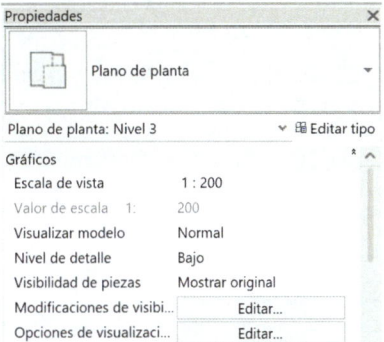

La tabla de propiedades mostrada:

Propiedades		
	Plano de planta	▾
Plano de planta: Nivel 3	✓ ⊞ Editar tipo	
Gráficos		
Escala de vista	1 : 200	
Valor de escala 1:	200	
Visualizar modelo	Normal	
Nivel de detalle	Bajo	
Visibilidad de piezas	Mostrar original	
Modificaciones de visibi...	Editar...	
Opciones de visualizaci...	Editar...	

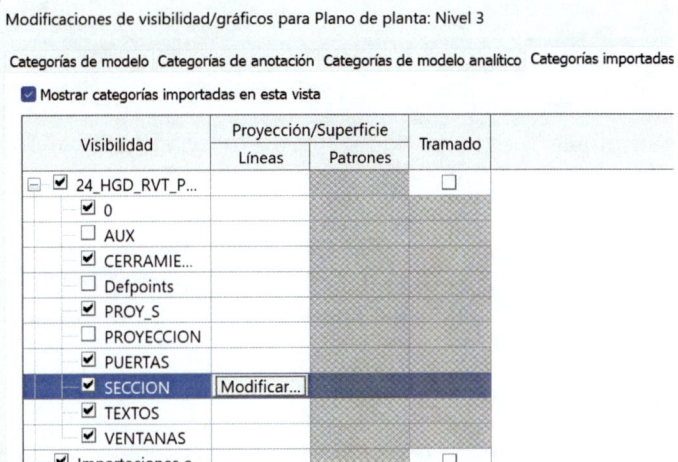

Modificaciones de visibilidad/gráficos para Plano de planta: Nivel 3

Categorías de modelo   Categorías de anotación   Categorías de modelo analítico   Categorías importadas

☑ Mostrar categorías importadas en esta vista

Visibilidad	Proyección/Superficie		Tramado
	Líneas	Patrones	
☑ 24_HGD_RVT_P...			☐
☑ 0			
☐ AUX			
☑ CERRAMIE...			
☐ Defpoints			
☑ PROY_S			
☐ PROYECCION			
☑ PUERTAS			
☑ SECCION	Modificar...		
☑ TEXTOS			
☑ VENTANAS			
☑ Importaciones e...			☐

Arquitectura / Referencia / Rejilla

Se podrían crear líneas de referencia espaciadas 4 o 5 metros.

Están disponibles tanto desde la vista en alzado como desde la vista en planta.

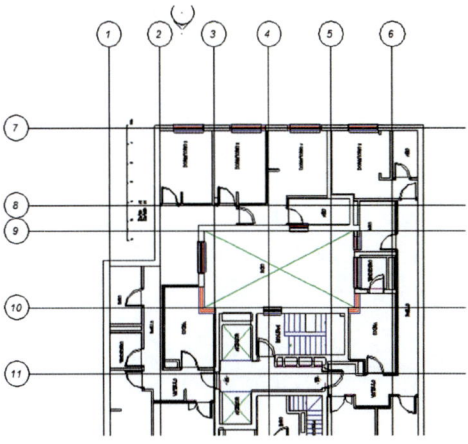

2.6. Muros

Arquitectura / Modificar, seleccionar el muro

En la bandeja de propiedades se observan: restricciones de base y superior, así como desfases respecto de ellos. La modificación de los niveles implica cambios en la altura del elemento.

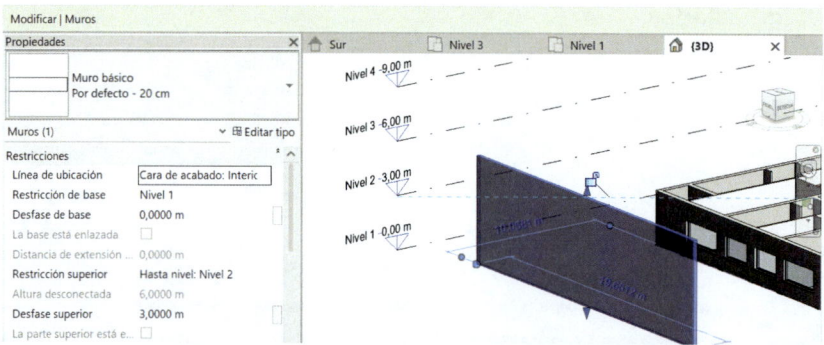

El muro se dibuja mediante dos puntos – línea de ubicación – sobre el plano base (nivel 1). Puede modificarse su longitud y la posición respecto de las referencias de acotación.

El desfase superior respecto del nivel siguiente será de -0,45m para los tabiques interiores y de -0,3m para los muros exteriores. También podría eliminarse la restricción superior y poner una altura desconectada.

2.7. Suelos

Arquitectura /Construir / Suelo / Suelo arquitectónico

El suelo se crea desde el nivel actual hacia abajo.

Crear contorno, seleccionar líneas o muros existentes. Finalizar el comando.

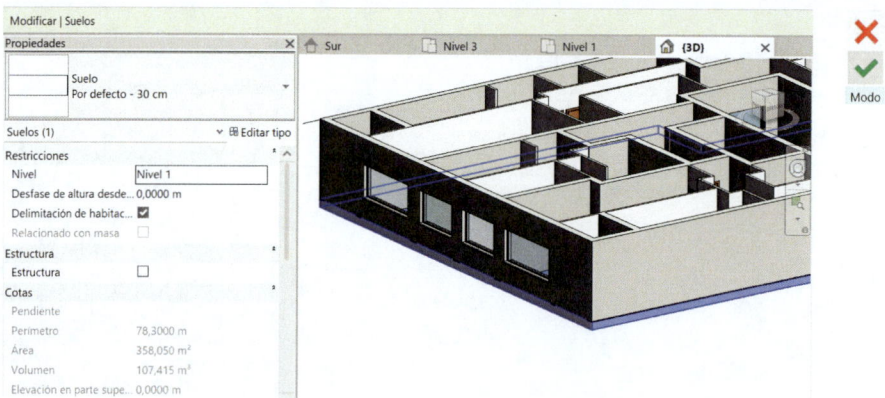

2.8. Nuevos Pisos iguales

Desde la vista de alzado, pueden seleccionarse los elementos que se quieren duplicar.

Tras la selección, herramienta Copiar, NO Restringir, e indicar mediante dos puntos la distancia vertical de 3 metros.

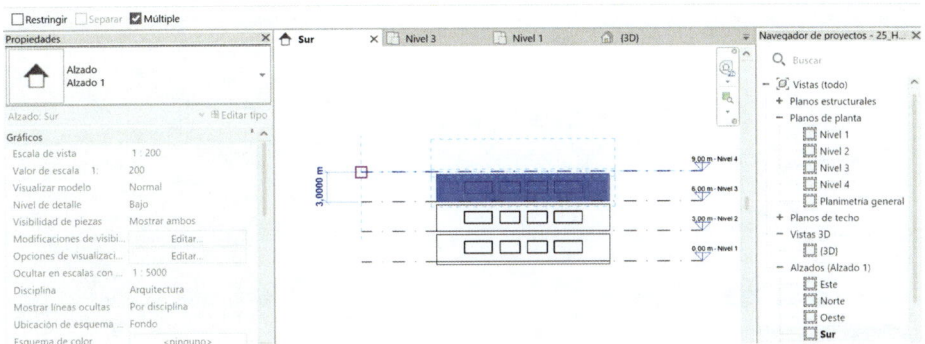

2.9. Opciones de Visualización de Gráficos

Propiedades de la vista 3D, Gráficos, Opciones de Visualización, Editar...

Puede escogerse el estilo de línea oculta, sólido, crear transparencia,...

2.10. Techos

Navegador, planos de Techo, Nivel 4

Se escoge el Nivel en donde se van a colocar los techos.

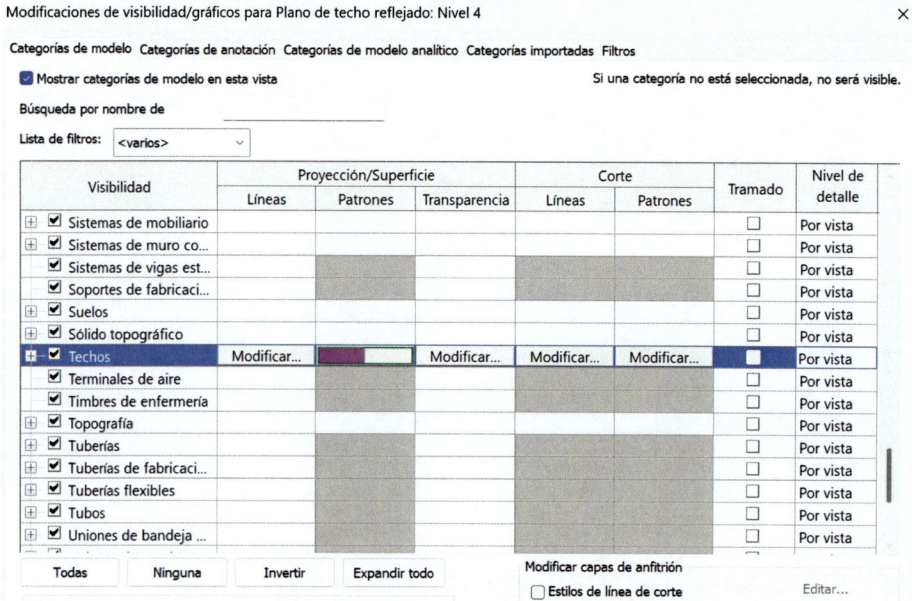

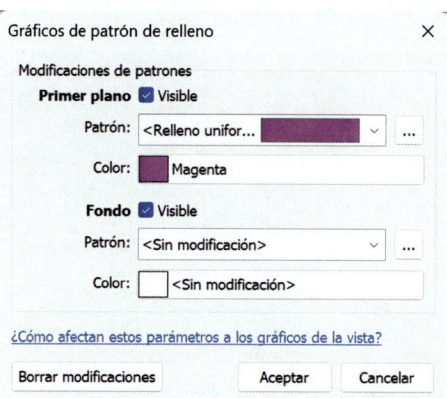

En Modificaciones de visibilidad, Categorías de modelo, Techos, patrón de primer plano, relleno uniforme, con color.

Arquitectura, Construir, Techo

Tras la selección del tipo correspondiente se escoge Techo automático, con un desfase de altura desde el nivel de 2,5m delimitado por habitación.

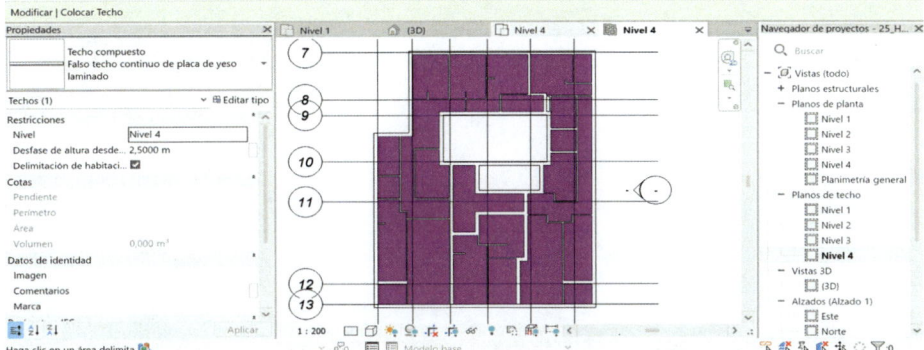

Boceto de Techo. También puede hacerse un contorno cerrado y validarlo.

3

MODELO BIM CL3

3.1. Hueco de Forjado

Arquitectura, Hueco, Agujero

Crear hueco vertical desde el Nivel 1 mediante una línea de contorno.

Finalizar el hueco en el tic verde

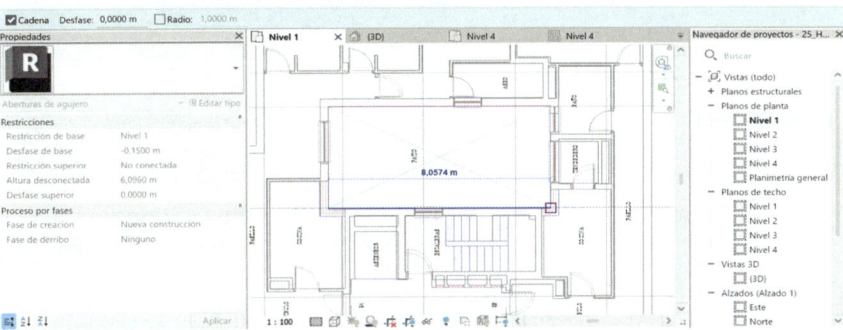

Desde la vista 3D, activada la caja de sección, puede extenderse la altura del hueco del patio de luces, desde las propiedades del agujero, o bien mediante el pinzamiento vertical.

3.2. Hueco de Muro

Arquitectura, Hueco, Muro

Muro

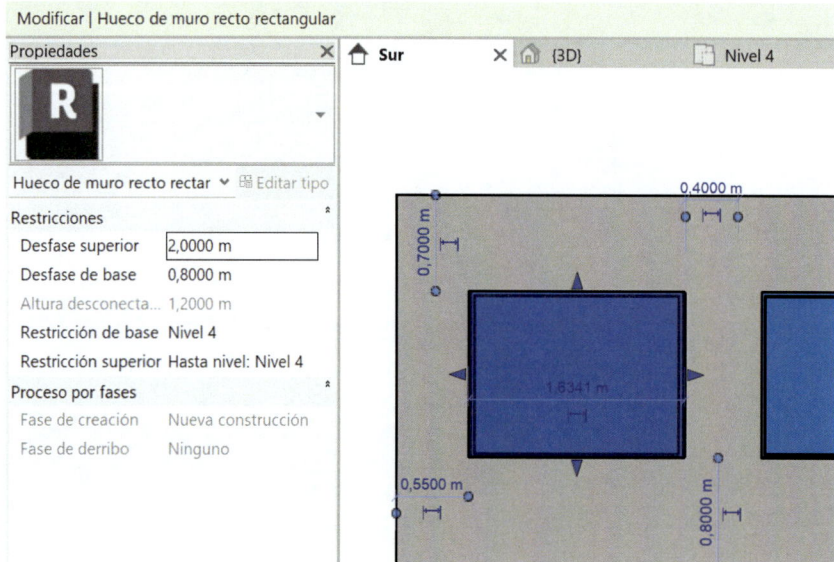

Se selecciona el muro y la diagonal del hueco mediante dos puntos.

Pueden modificarse sus alturas desde el panel de propiedades; también las dimensiones arrastrando o cambiando las acotaciones, en la vista 3D o en el alzado.

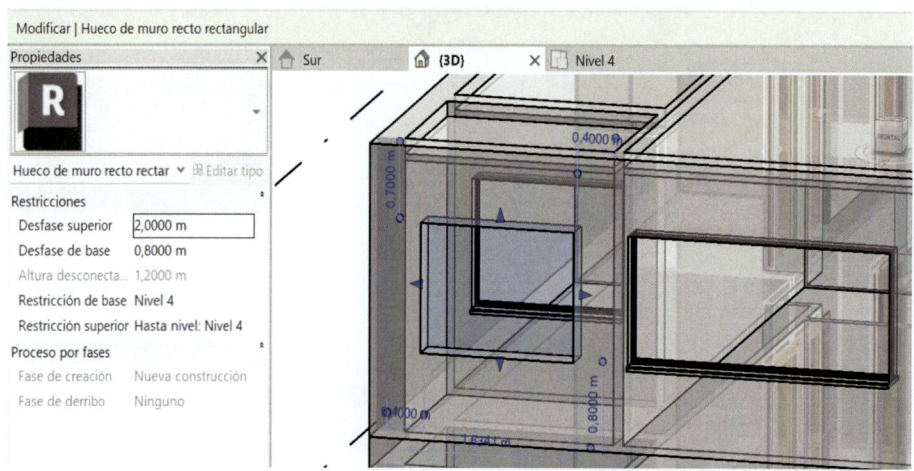

Los huecos pueden alinearse mediante el uso de rejillas de referencia.

3.3. Cubierta

Arquitectura, Construir, Cubierta, Cubierta por perímetro ⌂ Cubierta ▾

Nos colocamos sobre la planta última, con desfase de 3 metros respecto del piso.

En las fachadas principal y posterior poner voladizo de 1m y pendiente del 50%;

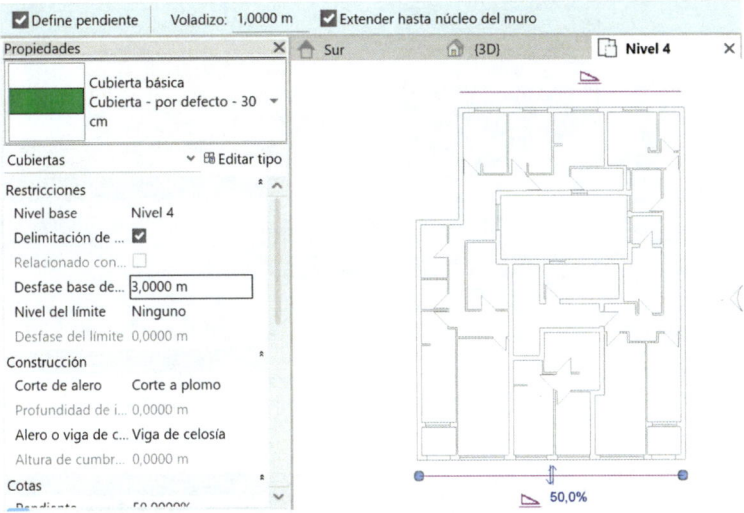

Quitar "define pendiente"; sin voladizo ni pendiente en los muros medianeros de edificios colindantes.

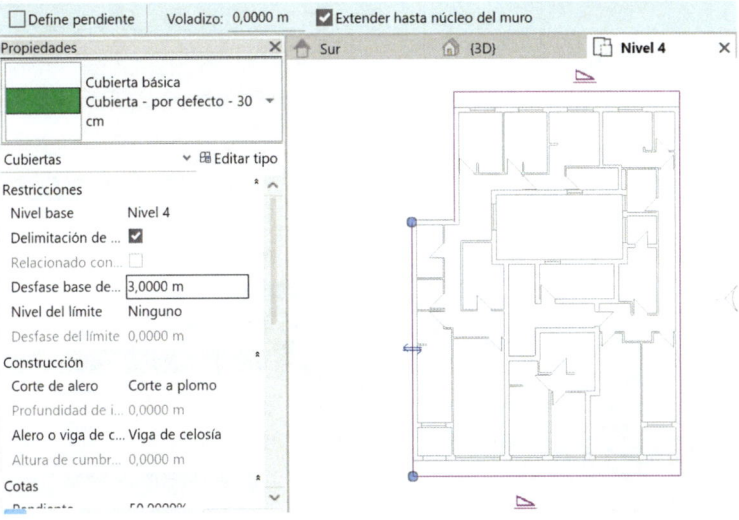

Hay un pinzamiento de forma que permite elevar/ bajar la cumbrera, modificando la pendiente a otro valor.

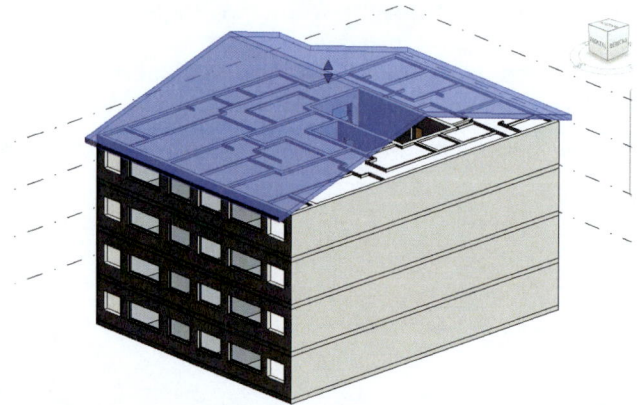

3.4. Enlace de muros con cubierta

Desde cada vista de alzado Lateral se copian los muros sin restricción 3 metros hacia arriba.

Selección de los muros. Se añade a la selección con la tecla Control.

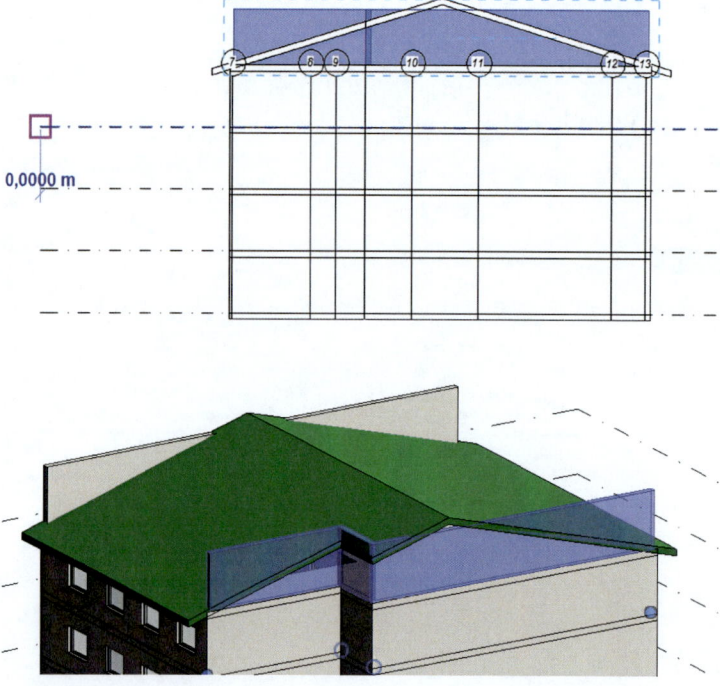

Modificar, Muro, Enlazar parte superior
Enlazar parte
superior/base

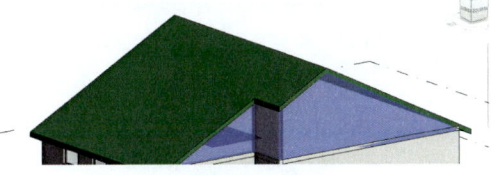

Activar la caja de sección de la vista 3D (propiedades, extensión) y mover hasta seccionar el patio.

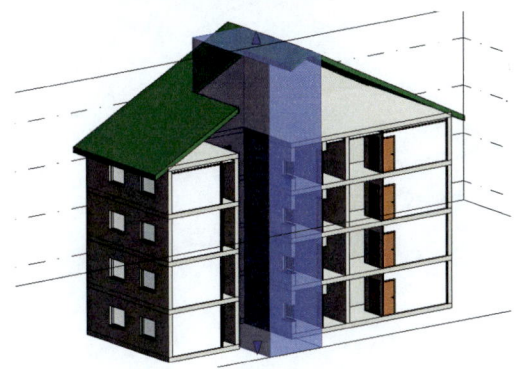

Seleccionar el hueco vertical si ha quedado corto y extender por teclado o por pantalla.

3.5. Sección 1 por el patio

En la vista de planta se define la sección mediante dos puntos.

Vista, Crear, Sección

Puede limitarse lateralmente y en profundidad.

Se puede voltear la sección.

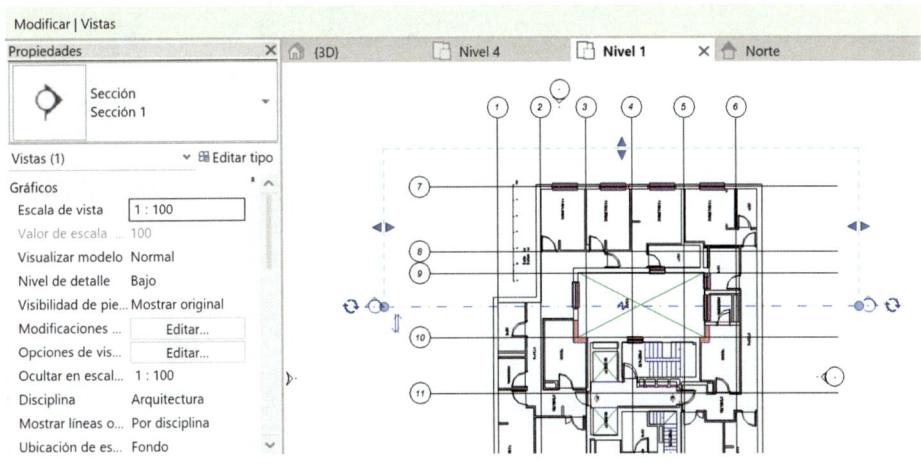

3.6. Enlace de muros del patio

Seleccionados los muros del patio, se procede como con los muros exteriores: Enlazar, parte superior, selección de la cubierta.

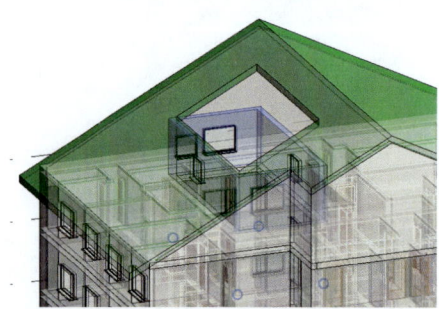 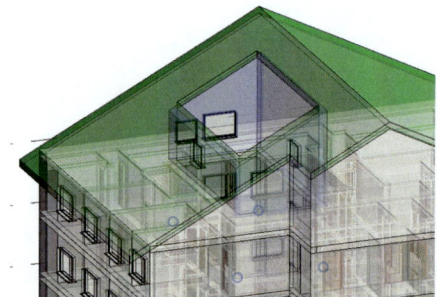

3.7. Escaleras entre pisos

Vista en planta Nivel 2. Vista alámbrica.

Rango de vista hasta Nivel 1

Arquitectura, Circulación, Escalera   Escalera

Número de contrahuellas:17; profundidad de huella: 0,28m (medido en planta)

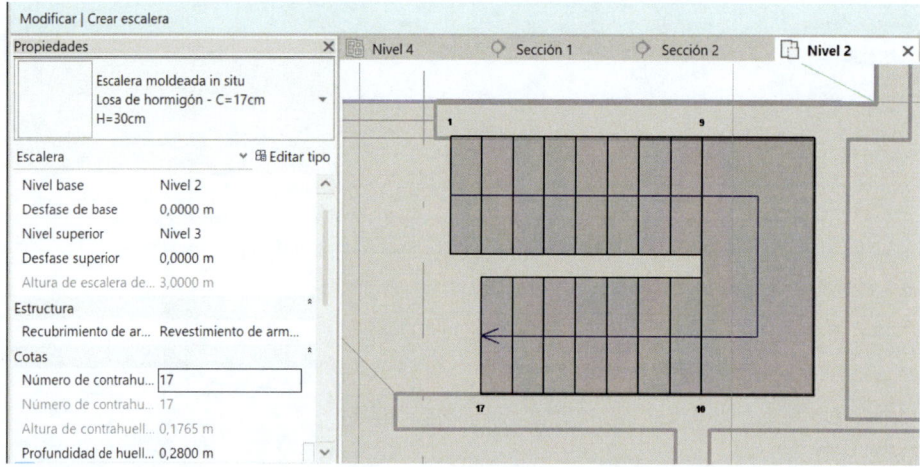

Se ha creado el tramo de escaleras entre el nivel 2 y 3

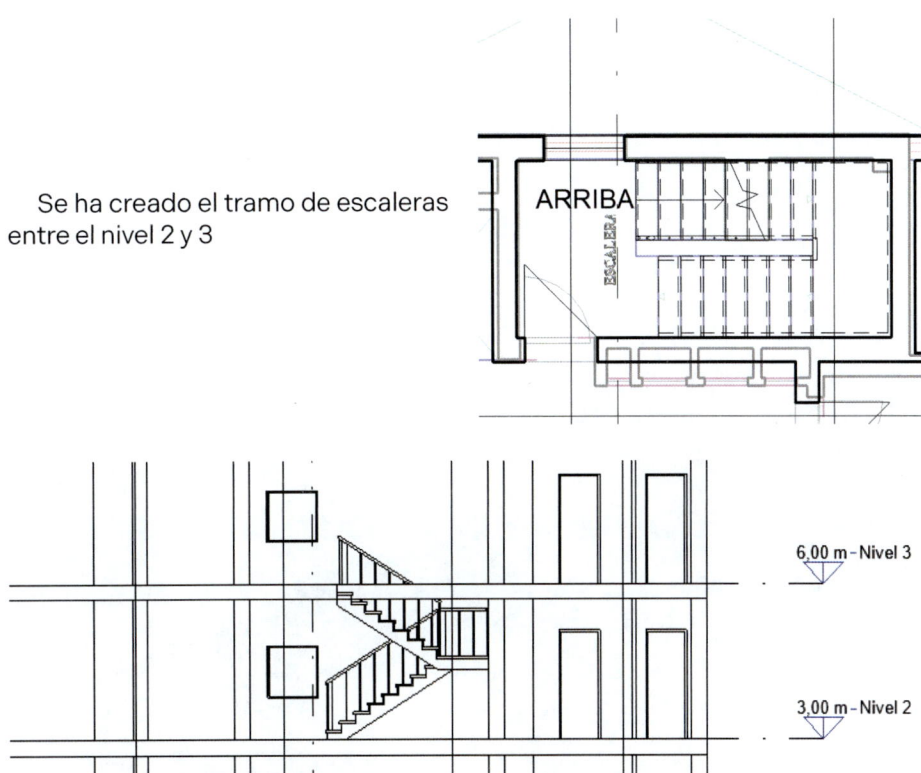

3.8. Hueco forjado de escaleras

Desde la vista en planta, creamos el hueco de forjado.

Copiar los tramos de escalera en vertical a 3m, sin restricción.

Alargar el hueco de forjado.

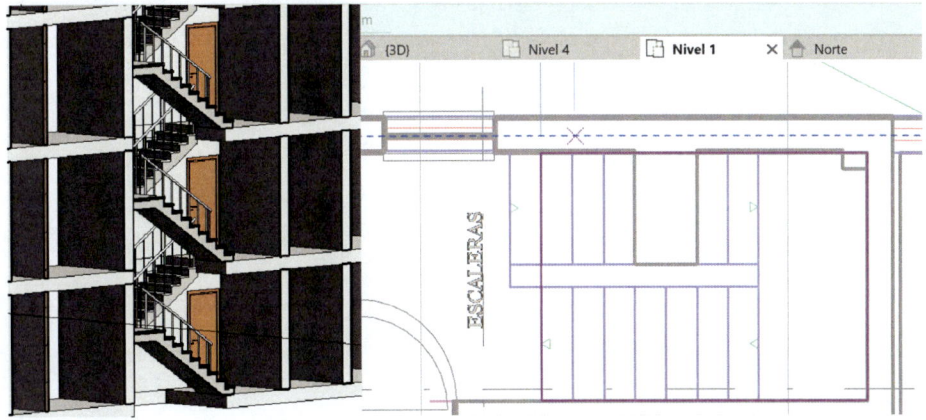

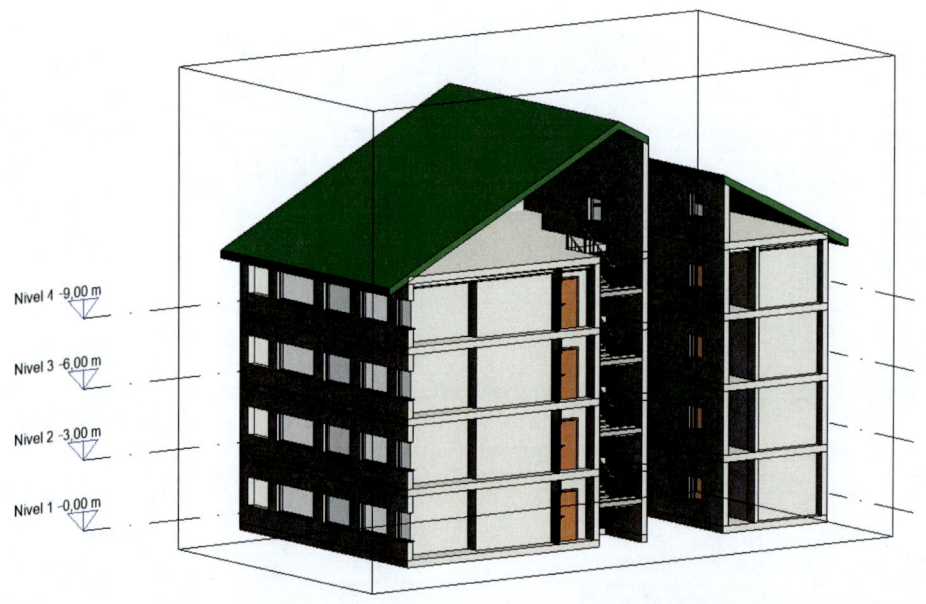

Nivel 4 -9,00 m

Nivel 3 -6,00 m

Nivel 2 -3,00 m

Nivel 1 -0,00 m

4

_____

MODELO BIM CL4

4.1. Descarga de familias

Por defecto se descargan una serie de archivos conjuntamente con el programa. Entre ellos las plantillas para crear planos, la mayoría vacías.

En la dirección oficial de Autodesk siguiente pueden descargarse familias en español:

Contenido de Autodesk Revit 2024

Contenido en español v1 para Revit 2024	Bibliotecas de familias en español	\Family Templates\Spanish\ \Libraries\Spanish\	☐ RVTCPESP.exe	553MB

4.2. Plano nuevo

Navegador de proyectos, planos. Anticlic, Nuevo plano

Cargar...

Buscamos el formato de plano A3 en la ruta:

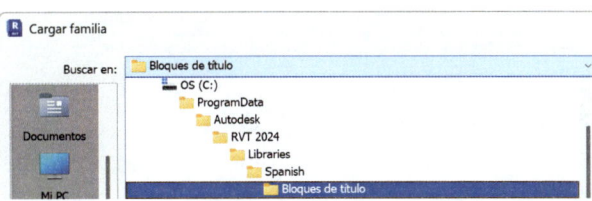

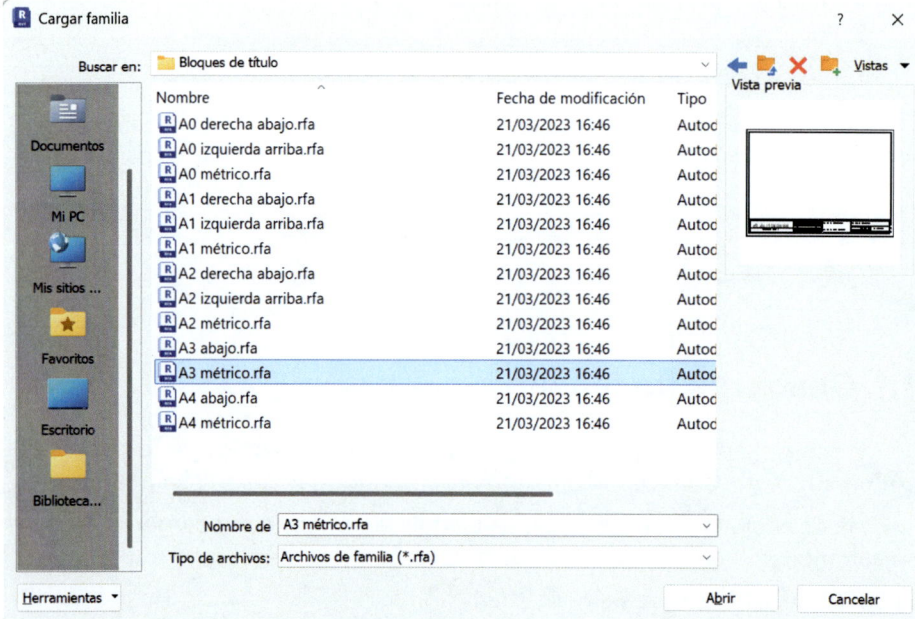

4.3. Información del proyecto

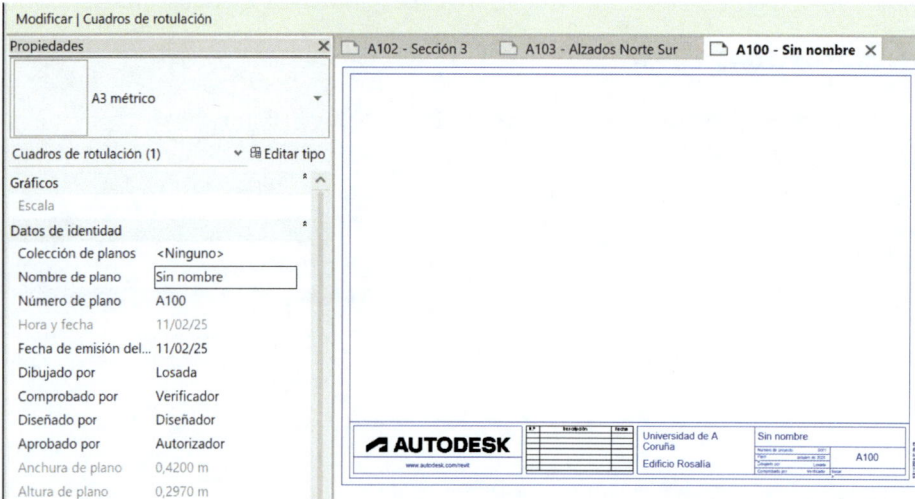

En el plano están definidos los datos ya cubiertos en **Gestionar, configuración, información del proyecto**.

Se cubren/ modifican el resto de los datos desde el panel de propiedades, o editando los elementos.

4.4. Plano de planta

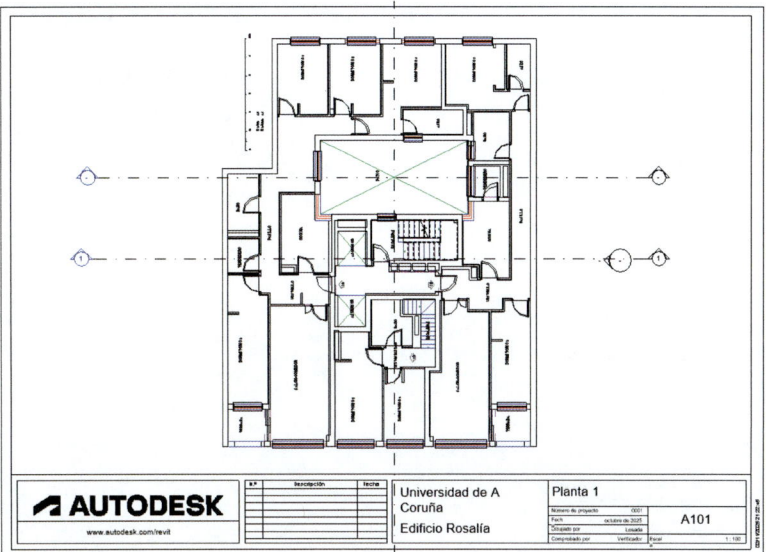

Se arrastra el plano de planta desde el navegador de proyectos y se coloca sobre el cuerpo del Cajetín.

Puede modificarse la escala a 1/100 para el tamaño A3 en la planta del nivel correspondiente, o bien escoger otro cajetín para representar el plano a 1/50.

4.5. Recortar Vista

Duplicar plano con detallado de planos (navegador de proyectos, anticlic).

Se colocan los alzados y secciones.

Desde la sección, **Propiedades, Extensión, Región de recorte visible** y Recortar vista

Para modificar la zona visible en el plano de impresión

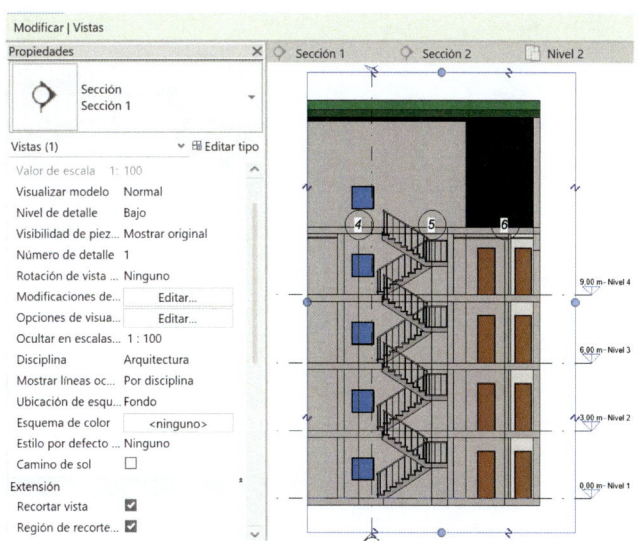

4.6. Sombras en alzados

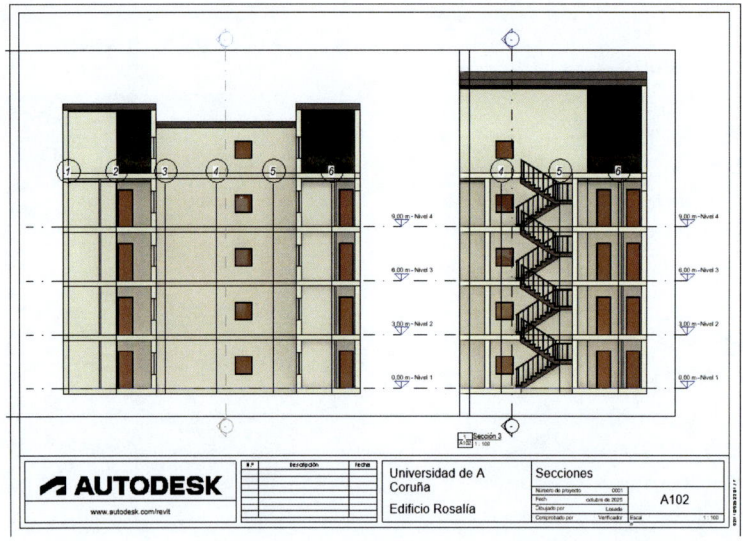

Pueden activarse las sombras en los alzados.

Los elementos que no se desean ver en los planos, pueden desactivarse por categoría, tras seleccionarse con anticlic sobre uno de ellos, en la vista de cada plano.

4.7. Planos de sección

4.8. Impresión en PDF

Archivo, imprimir, configurar impresión.

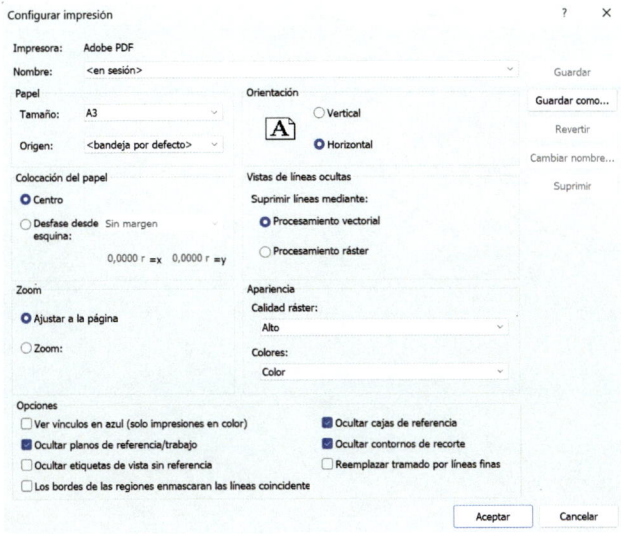

Archivo, imprimir, imprimir (Control P)

Seleccionar los planos que se van a imprimir.

Combinar en un solo archivo/ independientes.

5

MODELO BIM CL5

5.1. Habitaciones

Arquitectura, habitaciones y área, habitación (RM)   ⊠ Habitación

Con la herramienta se crean identidades de habitación con mediciones de perímetro, superficie y volumen.

Están numeradas y pueden renombrarse tras seleccionarlas con el cursor sobre el aspa que las identifica.

Pueden seleccionarse varias habitaciones pulsando Control. En el panel de propiedades, datos de la entidad, Departamento: puede indicarse el piso.

Colocar separador de habitaciones entre el pasillo y el vestíbulo.

El piso 1C es realmente un dúplex que se comunica por las escaleras con la planta superior.

5.2. Tabla de planificación

Analizar, informes y tablas, tabla de planificación/ cantidades

Categoría: Habitaciones

Selección de los campos que se desea incluir en la nueva tabla: Departamento, Nombre, Área y Perímetro.

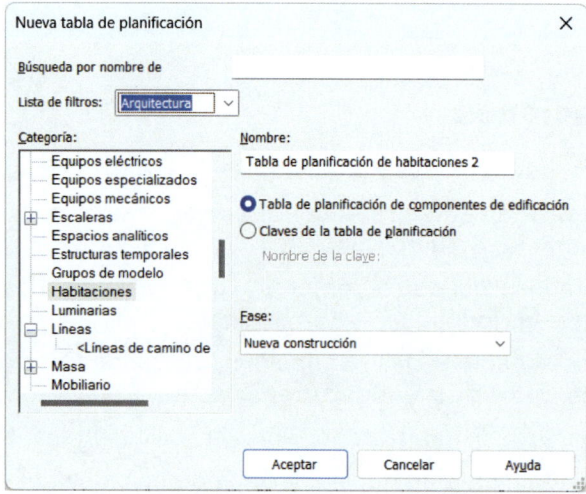

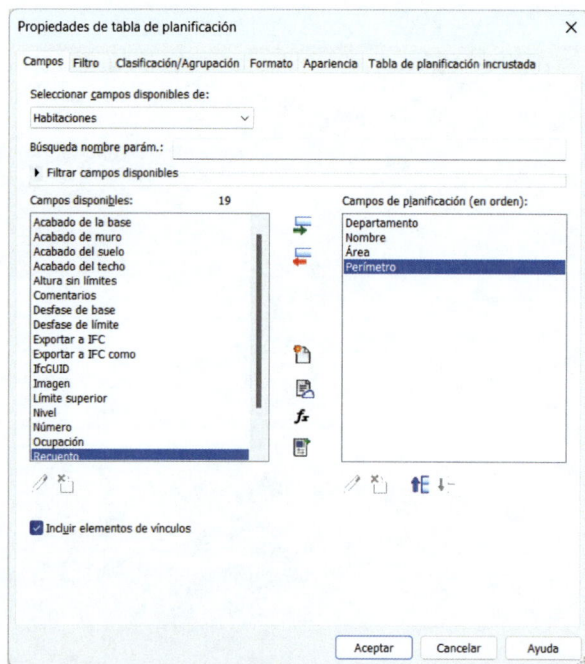

La tabla de planificación está accesible ahora desde el panel Navegador de proyectos.

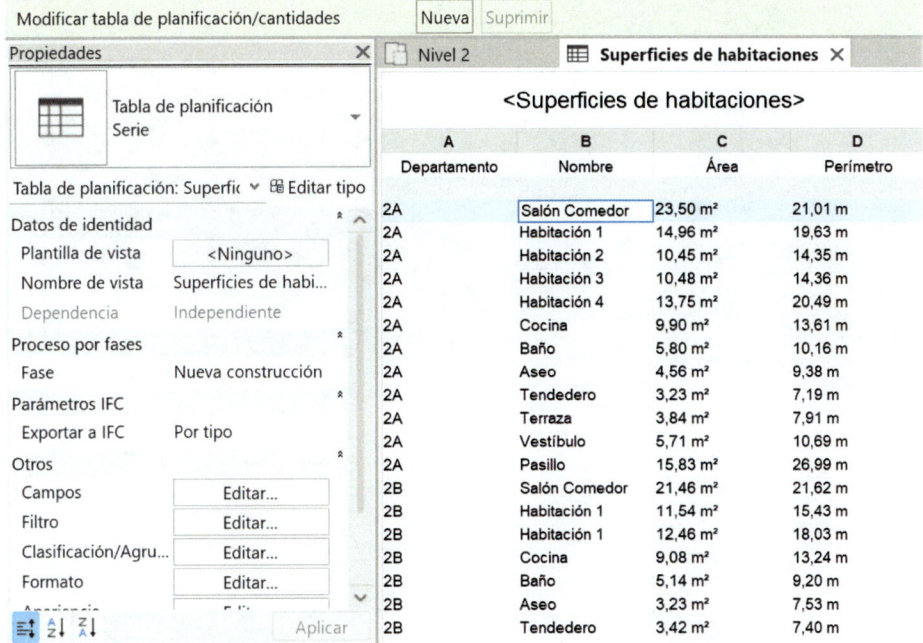

5.3. Plano de planta con el cuadro de superficies

Abriendo el plano de planta del Nivel 2 desde el navegador, puede arrastrarse la nueva tabla generada y colocarse sobre el plano.

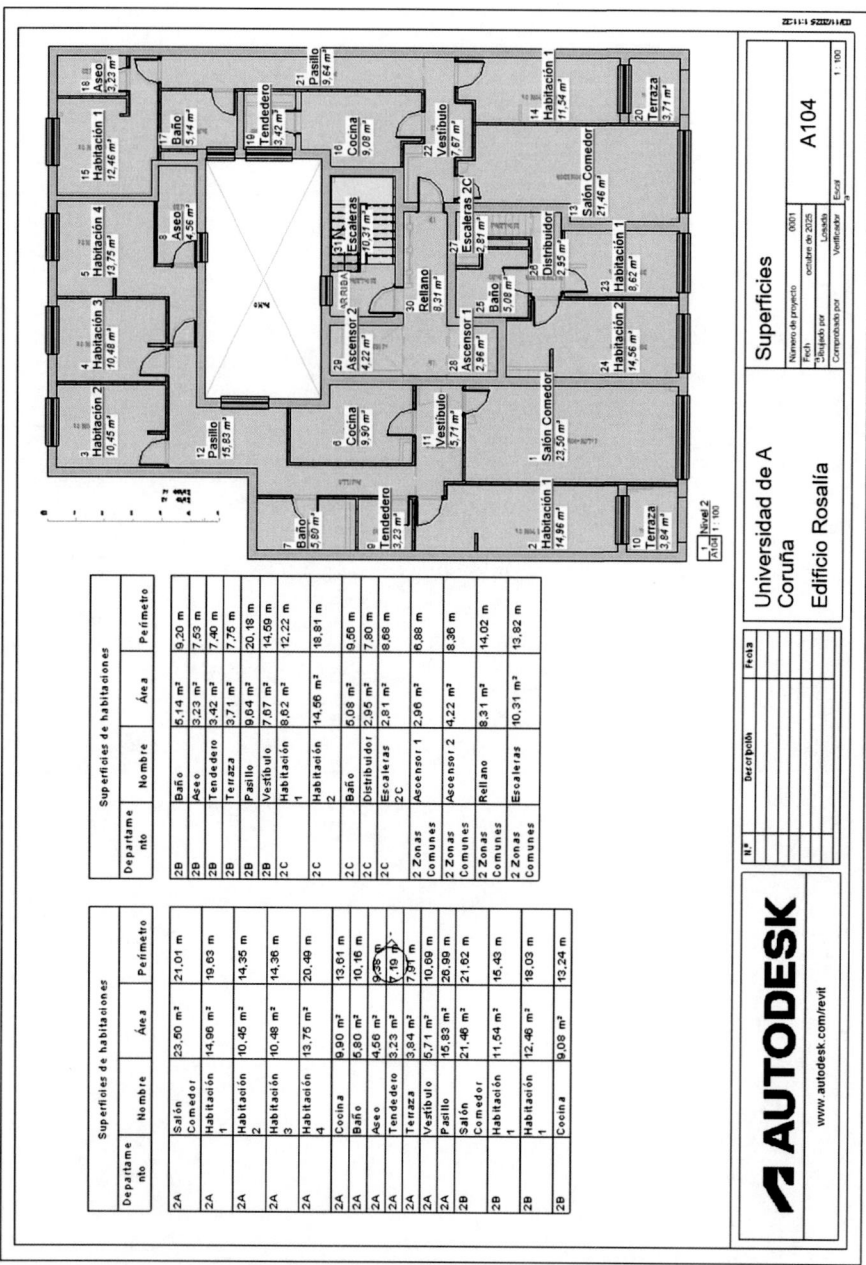

5.4. Importar CAD de planta de nivel 1C

Abrir archivo, comprobar sus capas,... Guardar archivo como *dxf

Insertar, importar, importar CAD

De ser necesario, seleccionar, desbloquear y mover el elemento importado.

Situado en la planta 1, desactivar el CAD de referencia anterior. Panel de propiedades, modificaciones de visibilidad, objetos importados, editar...

Modificar los muros, separar estancias e incluir las habitaciones siguiendo el esquema importado.

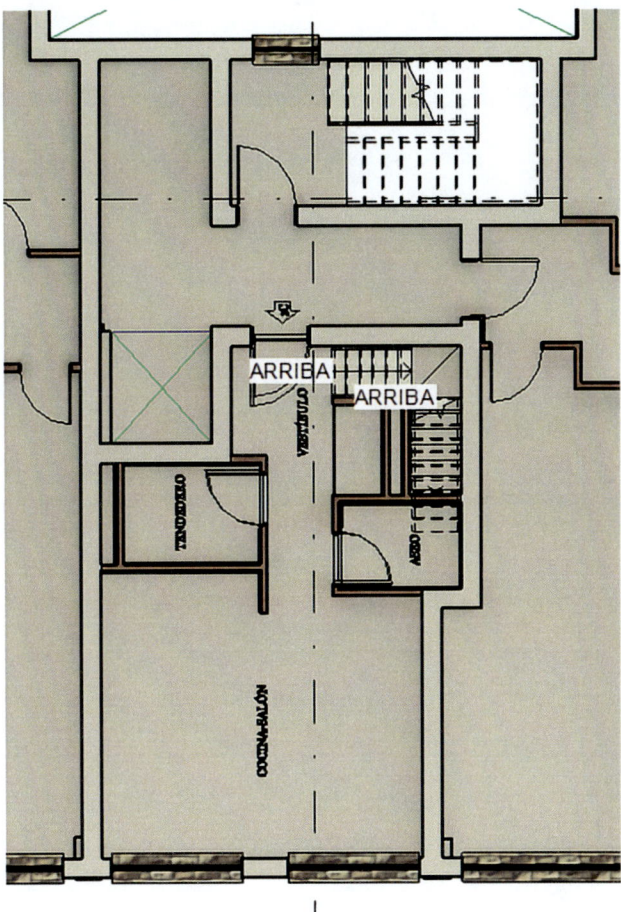

6

MODELO BIM CL6

6.1. Archivos RFA

Archivo, abrir, familia. También: insertar, cargas desde Biblioteca, cargar Familia

Cargar familia

Se selecciona la ruta en donde se alojan las familias descargadas.

6.2. Puerta de entrada a vivienda

Puertas, puertas externas, puerta de entrada a vivienda.

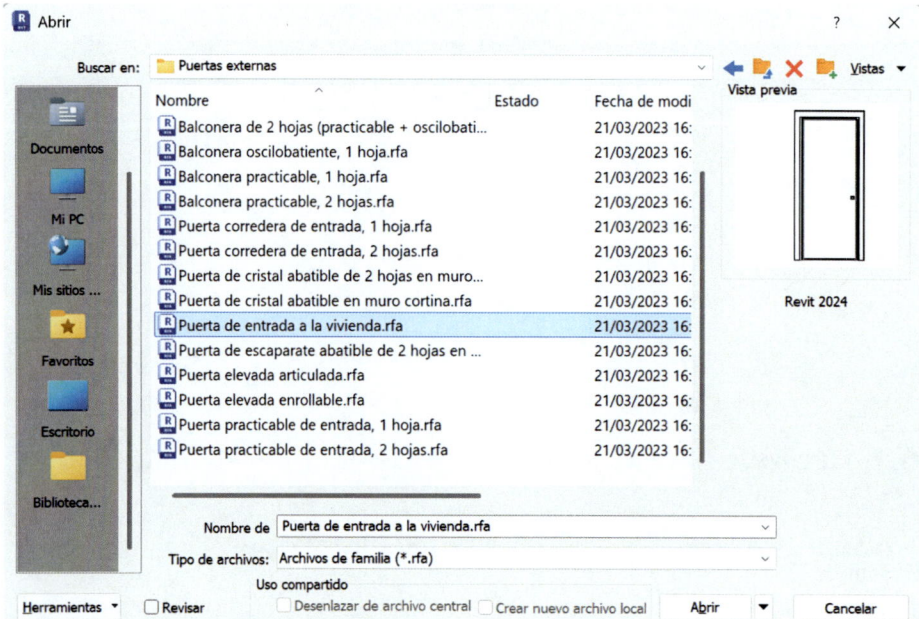

Se abre una vista 3D del elemento.

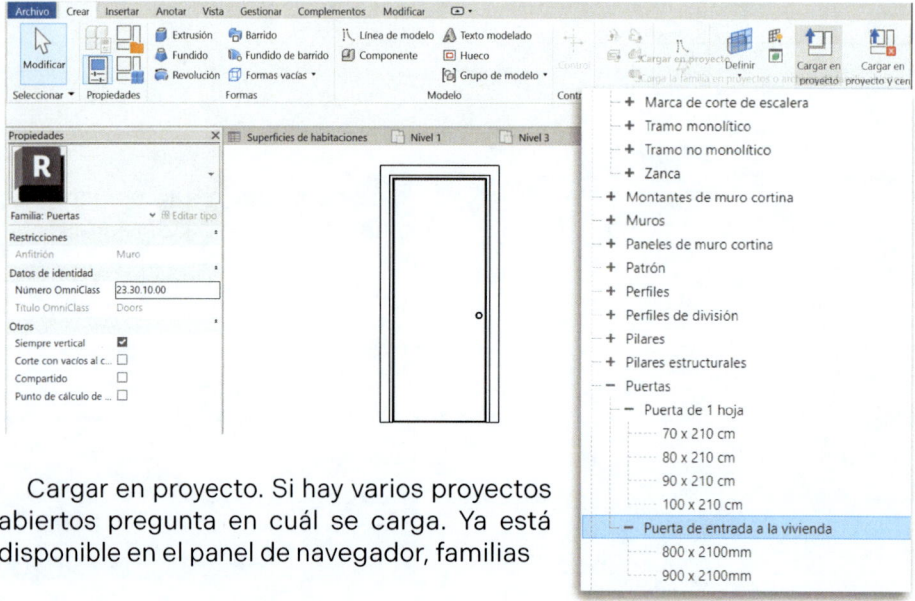

Cargar en proyecto. Si hay varios proyectos abiertos pregunta en cuál se carga. Ya está disponible en el panel de navegador, familias

Las puertas del modelo pueden ahora sustituirse por la nueva puerta ya cargada, en el panel de propiedades.

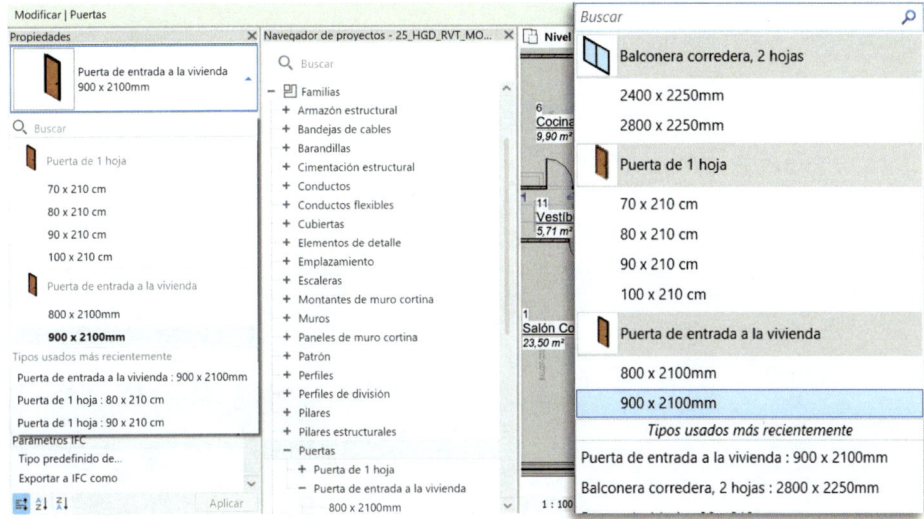

6.3. Puerta corredera de dos hojas

En el acceso a las terrazas pueden colocarse puertas correderas.

Cargar la familia situada en la carpeta: puertas internas.

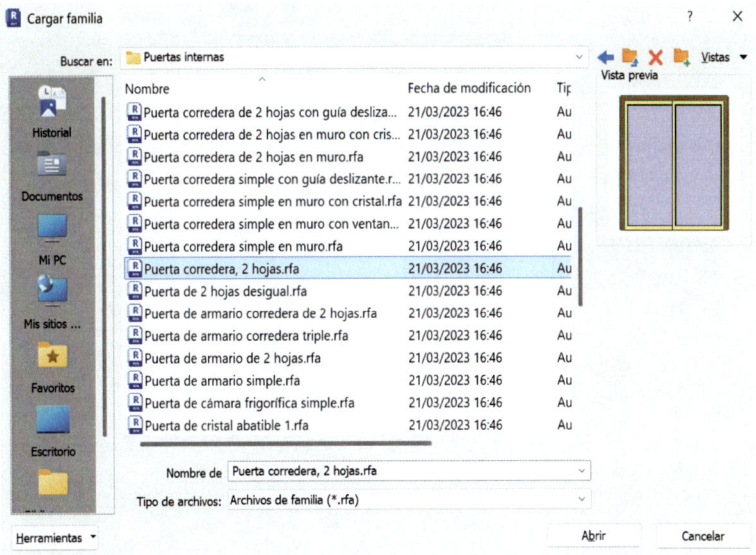

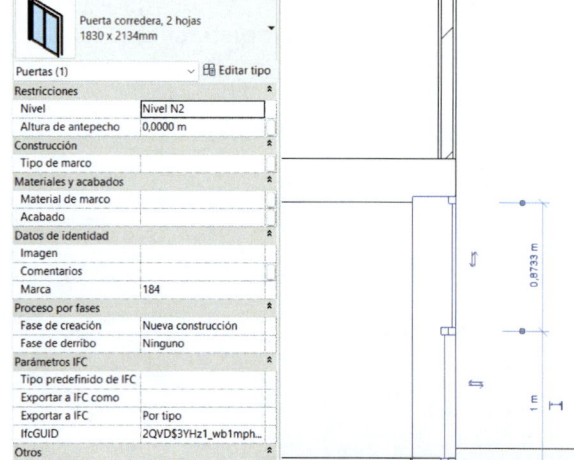

Editar tipo, duplicar, renombrar si se pretende crear una puerta similar.

Vista 3D con la caja de sección activada

Pueden modificarse sus características, como su anchura. Igualmente puede seleccionarse otro tipo como: 1730 x 2134 mm

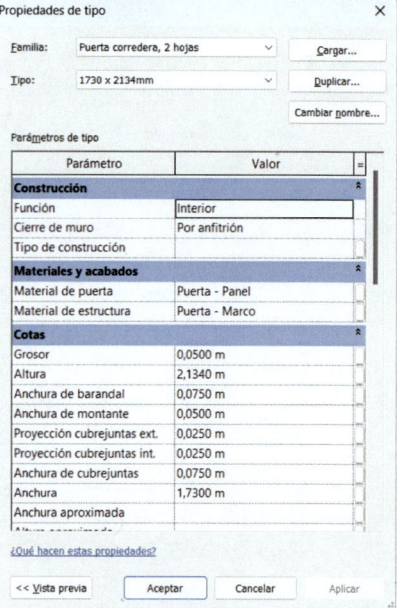

6.4. Ventana en esquina

<mark>Archivo, abrir, familia.</mark>

Puede seleccionarse la ventana en esquina, disponible en la carpeta de ventanas.

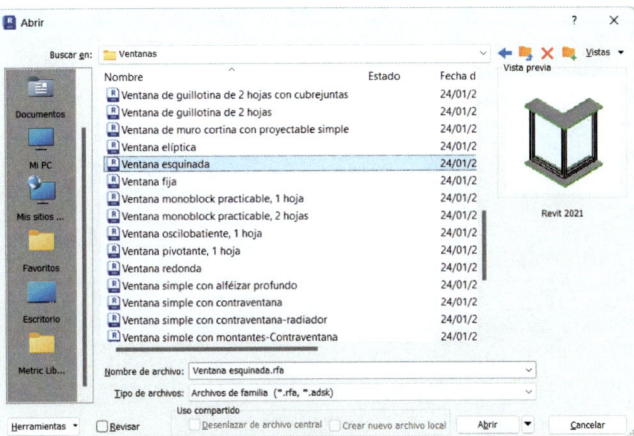

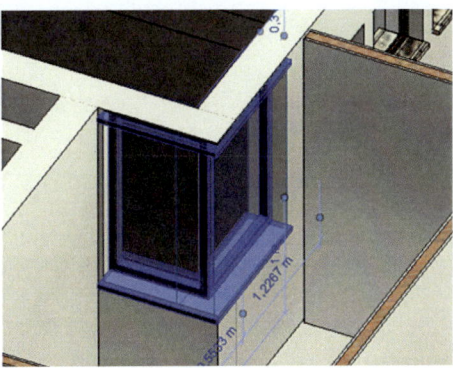

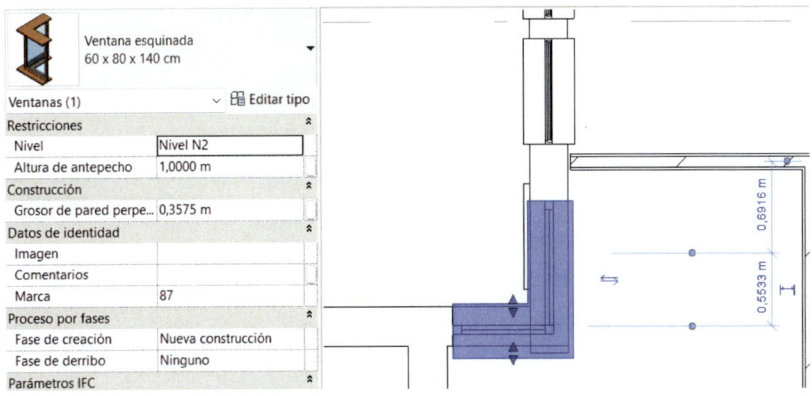

El tipo más pequeño es de 80x80.

Duplicar, renombrar, 60 x 80 x 140cm

Modificación de la anchura del lado: 0,6m.

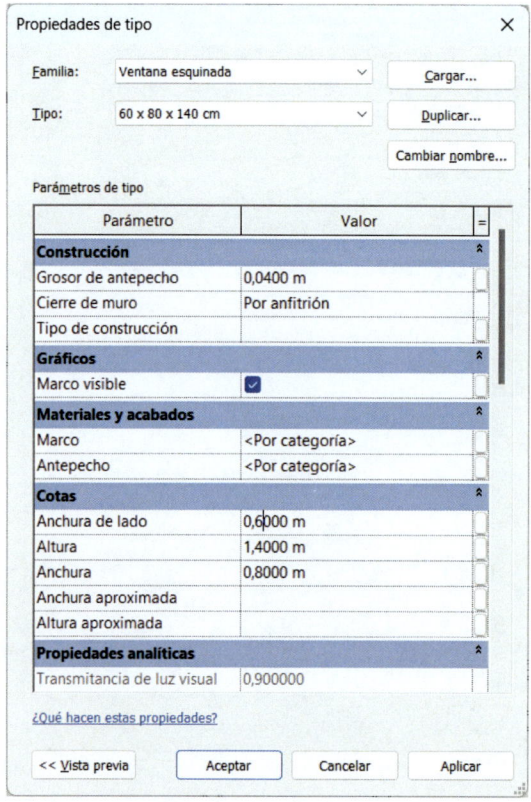

7

MODELADO DE UN EDIFICIO

Introducción al modelado arquitectónico de la vivienda utilizando el programa REVIT de Autodesk.

7.1. MODELO BIM – REVIT

Siguiendo las pautas anteriores, se introduce el alumno en el manejo de una aplicación BIM. Los pasos a realizar se resumen en los siguientes:

- ✔ Preparación de la planta de referencia en autocad e inserción en Revit
- ✔ Colocación de muros y tabiques básicos por defecto
- ✔ Colocación de puertas y ventanas básicas
- ✔ Colocación de suelos y techos
- ✔ Creación de nuevos niveles de suelo terminado y copia de los elementos en vertical
- ✔ Materialización de los huecos de forjado y fachada
- ✔ Creación de la cubierta a dos aguas y enlace con los muros
- ✔ Realización de secciones por la escalera y el patio, transversales
- ✔ Colocación de las escaleras y creación de su hueco de forjado
- ✔ Descarga de familias de Revit
- ✔ Carga de un cajetín con información del proyecto en A3
- ✔ Colocación de las plantas, alzados y secciones en los planos A3
- ✔ Colocación de habitaciones y creación de la tabla de superficies
- ✔ Modificación del modelo en la distribución del apartamento de la puerta C
- ✔ Carga de nuevas familias y selección de muros exteriores, tabiques interiores, de separación entre viviendas, ventanas, puertas y demás elementos
- ✔ Impresión de los planos en PDF

7.2. IMPRESIÓN PDF

Generación de planos en A3 con cajetín, a Escala 1/100 de:

- ✔ Plantas 1 y 2 con el cuadro de superficies
- ✔ Alzados de las fachadas principal y posterior
- ✔ Secciones longitudinal y transversa por las escaleras
- ✔ Otros planos